Guia Completa
Para La Ciudadania
Americana

Guia Completa Para La Ciudadania Americana

Aprenda todo Lo Que Debe Saber
Para Completar La Aplicacion Y Contestar
Las Preguntas En Ingles

R.M. Feliz

To order additional copies of this book, contact:
Xlibris Corporation
1-888-795-4274
www.Xlibris.com
Orders@Xlibris.com
60461

Contenido

"Este libro esta dedicado con mucho carino a mi querida madre Rosa Angelica Alvarez y a mis hijos, Joel, Marlene, Melissa, Bryant, Ariel y marlon Feliz."

Introduccion

Le felicito, ha hecho usted una decision intelligente al adquirir esta guia que le proporcionara valiosa informacion acerca del proceso para empezar y completar su ciudadania sin ningun costo adicional. La guia esta escrita en un lenguaje simple y claro; por lo tanto le invito a leerla para que se informe de los mas pequenos detalles que una persona debe saber antes, durante, y despues del proceso para obtener su ciudadania. Ella incluye las cien preguntas y repuestas con la cual debemos estar familiarizado para el examen civico. Ademas, trae importante informacion acerca de la entrevista que usted necesita conocer antes de presentarse a ella. Y por ultimo una copia de la aplicacion con todas las instruciones para completarla. Todo esto en Espanol, Su idioma natal. Asi que usted podra determinar si esta listo para empezar el proceso de su cuidadania. Gracias una vez mas y le deseo mucha suerte. Que el senor le bendiga.

Requisitos

Quien puede aplicar para la ciudadania?

Usted puede convertise en ciudadano Americano si usted reune las siguientes condiciones.

A) Debe tener 18 anos de edad al aplicar. Si usted es menor de 18 anos, y uno de sus padres tanto la madre como el padre es ciudadano, usted puede cualificar para la ciudadania a travez de ellos.

B) Debe ser residente de Los Estados Unidos y haber vivido por los menos cinco anos sin interrupcion de su residencia. Esto significa que usted no se haya ausentado de Los Estados Unidos por mas de seis meses.

C) Que nunca haya renunciado a su residencia legal durante cinco anos.

D) Si usted es casado(a) con un(a) ciudadano(a) Americano, usted puede convertirse en ciudadano(a) Americano(a) despues de haberse casado.Debe ser residente legal durante estos tres anos. Se require que haya vivido junto a su esposo(a) fisicamente durante estos tres anos consecutivos.

E) Si usted es o fue miembros de Las fuerzas armadas de Los Estados Unidos por los menos un ano y fue dado debaja honorablemente, usted puede aplicar para la ciudadania automaticamente.

F) Personas que hayan procreado ninos despues de haberse convertido en ciudadano Americanos. Estos ninos son ciudadanos aun asi no hayan nacido dentro de Los Estados Unidos

G) Requisitos de residencia continua: El aplicante debe residir por lo menos tres meses en el distrito donde se aplico para la ciudadania. Si usted vive en New York y somete su aplicacion en ese distrito y durante el proceso se muda para Denver u otro estado, su caso no es considerado por el distrito de New York. Su caso debe ser transferido a su nueva direccion. Asegurese que usted va a vivir un tiempo en el lugar donde hace su peticion o de lo contrario esto le puede traer tardanzas e inconvenientes.

Ventajas Y Desventajas Que Trae El Aplicar Para La Ciudadania

La guia empieza detallando los puntos basicos que usted debe reunir para empezar el proceso de convertirse en ciudadano Americano. El aplicar para la ciudadania trea sus ventajas y desventajas. Al leer este capitulo se dara cuenta de muchas cosas que desconocia. Por lo tanto le pido que sea honesto(a) consigo mismo al llenar la aplicacion pues el incluir informaciones equivocada o no pertinente a la pregunta en question puede ser base para la descualificacion de su aplicacion. Esta informacion es necesaria par que el aplicante conozca los riesgos que alguno individuos corren al aplicar.

DESVENTAJAS

a) Si usted adquirio su tarjeta de residencia de manera fraudulenta.
   Ejemplo: Caso Imaginario:
   Suspongamos que Tatica aplicara para su tarjaeta de residencia siendo no casada. Hija ya de personas con residencia legal. Mientras esta en espera de su cita por unos anos se enamora muy profundamente y se casa. Despues de su matrimonio le llega su aceptacion como residente permanente. Se le olvida comunicar este cambio de estado civil y el consulado Americano se le olvida tambien preguntar. Su residencia puede haber sido negada, puesto que su estado civil al aplicar era de soltera. Cuando Tatica aplica para la ciudadania unos anos mas tarde ella incluye la informacion de casada en su aplicacion. El inspector de immigracion nota que el matrimonio occurrio antes de haber obtenido su permiso de residencia permanente. Bajo esta circustantancias Tatica no era elegible para la residencia. Por tanto es descualificada para la ciudadania y el peligro de ser desportada.

b) Si esta en proceso de ser desportado.

c) *Su pais natal no reconoce o aprueba la doble ciudadania.*

d) *El presentar un pasaporte Americano en algunos paises podria traer riesgos de seguridad personal.*

e) *No le permitira vivir en su pais en tiempo de guerra o cualquier otro conflicto.*

VENTAJAS

a) *Derecho a votar en las elecciones local, estatal, y federal.*

b) *Algunos tipos de trabajos con el gobierno estatal y federal requieren que el aplicante sea ciudadano Americano.*

c) *Derecho a viajar con pasaporte Americano. Solo el ciudadano puede viajar con este pasaporte. Ademas este pasaporte le permite viajar a otro paises sin necesidad de adquirir visa.*

d) *El ciudadano Americano no puede ser deportado.*

e) *Lealtad y seguridad. Liberta de oppression, algo que muchas personas no pueden disfrutar en otro paises.*

f) *Proteccion y derechos especiales cuando usted viaja fuera del pais. Si a usted le gusta viajar a otro paises, se va a sentir muy bien ya que las embajadas o consulados le hace mas facil el proceso de visado. Tambien se sentira usted mas seguro al saber que el departamento de estado de Los Estados Unidos le proteje en caso de acidentes, robo o choca con otro tipo de problemas fuera de su control. Usted recibira ayuda del Departamento de Estado para su cuidado y seguro retorno a Los E.U.*

g) *Ser ciudadano incrementa la oportunidad de ayudar a su familia cercana a emigrar a Los E.U. Usted puede someter una aplicacion para auspiciar a miembros de su familia inmediata para obtener residencia permanente en Los E.U. Si los ninos tienen mas de 21 anos, se les pondra en lista de espera.*

h) *Facil regreso a Los E.U. Si usted viajo alguna vez cuando era solo residente del pais se recordara de las gigantes lineas de inspeccion de immigracion y por lo tanto la espera. Las lineas son mucho mas corta para los ciudadanos Norte Americanos.*

Demostrar Buen Caracter Moral

La persona que aplica para la ciudadania Norte Americana debe demostrar buen caracter moral durante sue estadia residencial en Los Estados Unidos con especial mira a los primeros cinco anos de residencia. Mientras mas tiempo haya usted demostrado un buen caracter moral mucho mayor oportunidad tendra de tener un resultado positivo. El departamento de immigracion no le pregunta si usted se ha portado bien; sino que busca evidencias para saber si usted se ha portado mal, ha cometido algun crimen, o se ha descarrilado por mal camino. Si usted se ha portado bien desde que entro a Los E.U., ha trabajado continuo, ha pagado sus impuestos y manuntencion a sus ninos si es separado o disvorciado de su esposo(a). Nunca ha tenido problemas con la ley ya sea fuera o dentro del pais, no tiene razon de preocuparse. Por otra parte, si usted ha sido convicto de un crimen, penado declarado culpable en una corte de la ley, se le aconseja que vea a un abogado de la ley antes de comenzar su proceso de aplicacion para la ciudadania.

Si usted ha cometido algun tipo de crimen menor y ha sido arrestado, luego firmado documentos en el que usted afirma que es culpable, pero nunca fue a la carcel. Si usted ha estado encarcelado y ha salido libre con libertad condicional, o su expediente ha sido borrado anos despues debe darse cuenta que para fines de la ciudadania sus antecedentes no estan limpios. Puesto que si or base a esto usted establece en su aplicacion que usted no tiene ningun antecedente criminal; puede correr serios problemas.

Si usted estuvo ayuda finaciera del gobierno a travez de gestiones fraudulentas.

Si usted alguna vez mintio para adquirir asistencia social, beneficios por incapacida fisica o mental pretendiendo que su novio(a) no le estaba manteniendo. Pretendiendo estar loco o demente, o que no estaba trabajando cuando si lo estaba porque no reportaba impuestos al gobierno federal o estatal. Esto puede destruir *su caracter moral y puede ser candidato para la desportacion si algunos de estos casos han ocurrido durante su primeros cinco anos de residencia en Los E.U.*

Otro tipos de problemas que le pueden afectar su buen caracter moral son:

a) *No pagar impuestos a los E.U.*

b) *Reusar pagar la manuntencion de sus hijos ya sea por separacion o divorcio.*

c) *Tiene problemas con el alcohol. Ha sido arrestado mientra manejaba su auto bajo la influencia del alcohol o "DWI" que son las siglas en Ingles*

d) *Tiene usted problemas de drogas ya sea por que la vende o la usa, o ha sido arrestado en situaciones ilicita de drogas.*

e) *Si usted cree en la poligamia. Queriendo decir que usted considera tener mas de un esposo o esposa es lo normal.*

f) *No se registro en el servicio selectivo militar durantes las edades de 18 a 26 anos de edad.*

g) *Ha sido miembro del partido comunista o tiene algun tipo de afiliacion o vinculacion con miembros de este partido.*

Mostrar Habilidad En El Idioma Ingles

Es necesario para cualificar en el examen de Ingles que usted tenga conocimiento basicos del idioma Ingles. Esto incluye el saber leer, escribir, hablar y entender palabras y conversaciones basicas. Usted no tiene que ser un experto en gramatica Inglesa, pero se le recomienda tener un entendimiento basico al mismo nivel de un ciudadano ordinario que le permita entender las preguntas de la entrevista para la ciudadania.

Excepciones:

Personas que son elegibles para eludir el examen de Ingles.

a) Si usted tiene 50 anos de edad y ha estado residiendo legalmente por 20 anos o mas en los E.U. Usted puede cualificar para ser entrevistado en su idioma natal. Si usted reune esta condicion, hagale saber al departamento de emigracion por medio a una carta de introduccion cuando someta su aplicacion.

b) Si usted es mayor de 55 anos de edad y ha estado residiendo legalmente en los E.U. por 15 anos o mas, usted puede cualificar para tomar el examen en su idioma natal. Para evitar retraso informele al departamenteo de emigarcion que usted puede cualificar para tomar el examen en su idioma en su carta de introduccion adjunto a su aplicacion. A estas excepciones se les llaman: 50/20, 55/15.

c) Si usted tiene alguna incapacidad fisica o mental que le dificulte aprender el idioma Ingles. Por ejemplo: si a usted se le require tomar medicamentos con regularidad que le producen un estado sonoliento constante; si tiene alguna incapacidad de desarrollo fisico o soldera. Usted puede cualificar para tomar el examen en su idioma natal. Si usted necesita evitar o eludir el examen de idioma Ingles por alguna de estas razones se le sugiere que vea a su doctor *para que el explique su incapacidad y porque esto le imposibilita aprender el idioma Ingles. Todo estos documentos deben ser incluido con su carta de introduction y su aplicacion. No se preocupe, mas adelante usted vera un ejemplo de una carta de introduccion.*

Conocimientos Civicos Basicos

EXEPCION:

Si usted es mayor de 65 anos de edad y ha residido en los Estados Unidos legalmente par 20 anos o mas. Usted solo tiene que estudiar 25 de las cien preguntas. Solo debe contestar 6 correcta para pasar el examen.

Conocimiento basico de la historia Norte Americana y su forma de gobierno es necesario para el futuro aplicante. Usted debe pasar un examen en el cual usted demuestre un entendimiento basico de la historia de Los E. U. y su forma de gobierno. Se le sugiere que se inscriba en una escuela donde se imparten estos tipos de clases para la ciudadania. En su comunidad se encuentran un sin numero de agencias comunitarias que tienen por objeto ayudar al individuo en la comunidad. Vayase a una de ellas y pida informacion. En Este libreto incluimos las preguntas y respuestas en los idiomas Ingles y Espanol para sus estudios. De la cien preguntas, solo diez son seleccionada para el examen. Usted debe contestar 7 correcta para poder pasar el examen.

Lealtad A Los Estados Unidos De America

Usted debera expresar lealtad a Los Estados Unidos de America y a su forma de gobierno como parte del preceso por medio de una juramentacion que incluye la necesidad de defender el pais con las armas en caso de Guerra. Algunas de las preguntas que usted encontrara en la aplicacion para la ciudadania require que usted siga las reglas, principios, y leyes de la constitucion de los E.U. Esto incluye:

1) *Que usted este completamente de acuerdo con la forma de gobierno de los E.U.*
2) *Que usted crea en los ideales de igualdad y libertad como lo establece la declaracion de los derechos humanos.*
3) *Que usted este completamente convencido que cambios politicos son llevado a cabo por medios pacificos y de manera ordenada de acuerdo con las leyes. A usted se le preguntara si va a tomar la juramentacion de lealtad. Su respuesta debe ser "si". Muchas personas se reusan a evocar la juramentacion por razones religiosas, creencias y otras. Si usted se encuentra dentro de una de estas condiciones dejele saber al inspector de imigracion.*

Ejemplo De Una Carta
De Introduccion

Robert Ventura
445 West 121 St.
New York, NY 10033
Re: Numero de Residencia y aplicacion para la ciudadania.
Aqui:____direccion de imigracion del distrito donde usted vive.
Muy querido senor(a):

Adjunto usted encontrara mi aplicacion para la ciudadania, un money order con la cantidad especificada para la aplicacion y huellas digitales. Tambien le envio dos fotos de tamano 2x2 y una fotocopia de mi tarjeta de residencia. Y cualquier otro ducumento que usted encuentre necesario. Si usted tiene alguna condicion especial por favor explique.

Gracias por su atencion,

Muy cordialmente,
Robert Ventura.

Examen De Escritura De Ingles De La Parte Civica Y De Historia

Estas son algunas de las oraciones gramaticales que el inspector le puede ordenar escribir para el examen de escritura. Las siguientes oraciones deben ser practicada en Ingles.

1) America is the land of freedom.
2) Citizens have the right to vote.
3) The American flag has thirteen stripes
4) George Washington was the first president of The United States.
5) I want to be a citizen of The United States.
6) Many people come to America for freedom
7) Only congress can declare war.
8) The capital of The United States is Washington D.C.
9) The president is elected every four years.
10) There are fifty states in the union.
11) There are three branches of government.
12) The colors of the flag are red, white and blue.
13) The flag of the U.S has fifty stars.
14) The president lives in the White House.
15) It is important for all citizens to vote.

Examen De Escritura En Ingles Relacionada Con El Diario Vivir

1) He came to live in America.
2) He has a very big dog.
3) He wanted to find a job.
4) His wife is at work right now.
5) I came to New York today for my interview.
6) I go to work everyday.
7) I have three children.
8) I know how to speak English.
   I live in the state of . . .
8) She is my daughter and he is my son.
9) She needs to buy some new clothes.
10) She was happy with her house.
11) The boy threw the ball.
12) The children play at school.
13) The man wanted to get a job.
14) The teacher was proud of her class.
15) The White House has a big tree.
16) They are a very happy family.
17) They buy many things at the store.
18) They came to live in the United States.

Instruciones Para Llenar La Aplicacion De La Ciudadania

Usted debe completer su aplicacion con tinta negra y en letra de molder para mas claridad, a menos que usted la completo por medio del internet. Si usted necesita espacio extra para completar algunas de las preguntas; use paper separado. Asegurese que usted indique en el paper el numero de la pregunta, la fecha, y su firma en cada hoja que utilice. Conteste cada pregunta por completo y cuidadosamente. Si algunas de las prreguntas no aplican a usted escriba (N/A). Revise su aplicacion antes de completarla para que se familiarice mas con ella. Note que su aplicacion esta dividida en catorse partes. Empezando con la parte (1). Cada parte esta subdividida con letras mayuscula: ejemplo: (A), (B), (C), etc. Subsequentemente algunas de estas letras estan tambien subdividida con numerous que empiezan con el 1, 2, 3,.

PARTE 1.

Su nombre. El nombre de la persona que aplica.

A) *Su nombre legal actual. El nombre que aparece en su certificado de nacimiento.*

B) *Su nombre exacto como aparece en su tarjeta de residencia; si es diferente al nombre que escribio previamente.*

C) *Si usted ha utilizado otros nombres ademas de los que usted ha escrito en las respuestas para preguntas A y B. Si no ha utilizado otros nombres escriba (N/A) NO APLICA.*

D) *Cambio de nombre. Esta pregunta es opcional. Usted puede cambiar su nombre si lo desea al hacerse ciudadano. Si no lo desea escriba no.*

PARTE 2.

Informacion acerca de su eligibilidad. Usted debe marcar solo una, La que appliqué a usted.

Yo tengo 18 anos de edad o mas y:

A) He estado residiendo en Los E.U. por cinco anos o mas.

B) Yo he estado residiendo en Los Estados Unidos por tres anos o mas y he estado residiendo junto a mi esposo(a) que es ciudadano Americano por estos tres anos o mas. Si este es su caso, debe enviar copias de su certificado de matrimonio con su aplicacion y estar preparado para llevar la originar al momento de la entrevista.

C) Estoy aplicando en base a mi servicio militar. Si este es su caso debe enviar copias de estos documentos con su aplicacion y llevar las originales al momento de la entrevista.

D) Si su caso es diferente a los de arriva por favor explique.

PARTE 3.

INFORMACION ACERCA DE USTED

A) Escriba su numero de seguro social

B) Escriba la fecha de nacimiento. Usted debe escribir 8 numeros: 09/05/1967 o Septiembre 5, 1967.

C) La fecha enla cual usted se hizo residente permanente exactamente como esta en su tarjeta de residencia.

D) Su pais de nacimiento. Escriba el nombre del pais donde usted nacio.

E) Si usted es o ha sido ciudadano de otro pais, escribalo en esta parte. Si no es asi solo escriba su pais de nacimiento.

F) Conteste "si" si uno de sus padres es ciudadano.

G) Estado civil. Marque solo el que appliqué a usted solamente: Soltero, casado, divorciado, nunca casado, o viudo.

H) Si usted esta aplicando para evitar el examen de Ingles, el examen civico o de historia por incapacida fisica o mental debe incluir la forma (N648) con su aplicacion. Esta forma la puede conseguir en la oficina de emigracion de su distrito.

I) Si usted require cierto tipo de acomodacion por incapacida fisica, marque "si" y proceda a marcar el tipo de incapacida que se describe abajo:

1) *Estoy sordo y tengo problema para oir. Necesito un interpretador en los siguiente idiomas.*
2) *Yo uso silla de rueda*
3) *Estoy ciego y tengo problemas para ver.*
4) *Si necesita otro tipo de acomodacion por favor explique.*

PARTE 4.

Direcion donde usted vive y su numeros de telefonos.

A) *Direccion donde usted vive actualmente. No escribe P.O. Box.*
B) *Direccion donde usted recibe su correspondencias, si es diferente a la anterior.*
C) *Su numeros de telefonos donde usted puede ser localizado durante el dia, la noche, su direccion electronica si tiene una.*

PARTE 5.

Informacion utilizada por la FBI para busqueda de antecedentes criminales. Sea cuidadoso al completar esta parte.

A) *Sexo: Masculino/femenino*
B) *Estatura: en pies y pulgada. Ex: 5'6"*
C) *Peso en libras, no kilos. Ex: 165 lbs.*
D) *Si usted es hispano o latinoamericano*
E) *Raza: Es usted de raza blanco, asiastica, negro afroamericano, indioamericano, o nativo del Alaska, nativo de Hawai, u otra isla del pacifico.*
F) *Color del cabello.*
G) *Color de los ojos.*

PARTE 6.

Informacion acerca de donde usted ha residido y trabajado los ultimos cinco anos.

A) *Comience con su direccion actual y continue el listado hacia atras. Si necesita mas espacio, hagalo en una hoja extra de papel.*
B) *Donde usted ha trabajado o estudiado en los ultimo cinco anos. Incluya cualquier servicio militar que usted haya atravezado. Comience con el actual y continue hacia atras hasta completar los cinco ultimo anos.*

PARTE 7.

Cantida de tiempo que usted ha pasado fuera de Los Estados Unidos durante los ultimo cinco anos.

Cual es el total de dias que usted ha pasado fuera de Los Estados Unidos en los ultimo cinco anos.

Cuantos viajes de 24 horas o mas ha hecho usted fuera de Los E.U. en los ultimo cinco anos.

Haga un listado de todos los viajes que usted ha hecho fuera de Los E.U. desde que usted se convirtio en residente permanente y continue hacia atras. Si necesita espacio, hagalo en una hoja de papel separada.

PARTE 8.

Informacion de su historial acerca de su estado civil.

A) *Cuanta veces se ha casado? (incluya cualquier matrimonio que haya sido anulado) si usted nunca se ha casado, omita esta parte y vayase a la parte numero (9).*
B) *Si usted esta actualmente casado, complete las siguiente informaciones acerca de su esposo(a).*

     1) *Apellido de casado (a) su primer nombre, su nombre del medio,(segundo nombre antes del apellido).*
     2) *Fecha de nacimiento de su esposa(o)*
     3) *fecha en la que se caso.*
     4) *numero de seguro social de su esposo(a).*
     5) *direccion completa donde ustedes residen.*

C) *Es su esposo(a)ciudadano Americano.?*
D) *Si su esposo(a) no es ciudadano Americano de nacimiento, fecha completar las siguiente informaciones.*

     1) *Fecha el al cual su esposo(a) se convirtio en ciudadano Americano.*
     2) *Lugar donde se convirtio en ciudadano Americano. (ciudad y estado).*
     3) *de que pais ha emigrado para los E.U. A residencia permanente u otro. Explique*

E) *Fuera de que usted este actualmente casado, divorciado, u soltero. Si estuvo casado anteriormente complete las informaciones siguiente> Si estuvo casado mas de una vez, utilize una hoja de papel extra para proveer las mismas informaciones que le pide esta parte del 1 al 5.*

1) *El apellido de soltero*
2) *El estado legal en el pais de Los Estados Unidos. (residente permanente, ciudadano u otro).*
3) *Fecha en que se casaron. Mes, dia y ano. Ex. 09/04/1985.*
4) *Fecha de en que el matrimonio termino. Si este es su caso*
5) *Como termino su matrimonio?(divorcio, muerte u otro)*

F) *Cuantas veces ha estado su actual esposo(a) casado inculyendo matrimonio anulado. Para que no haya confusion si usted es el que esta aplicando y usted es el baron esto aplica a los dos. Esta son las mismas preguntas del uno al cinco que aplica a su esposo(a) del que esta requiriendo la ciudadania. Las misma de la section "F"*

PARTE 9.

Informacion acerca de sus ninos.
Usted debe incluir el numero total de sus ninos no importa que:

1) *Este vivo, desaparecido, o muerto.*
2) *Nacido enotro pais o en Los E.U.*
3) *Menor de 18 anos de edad o adulto*
4) *casado o soltero.*
5) *Viviendo con usted u en otro sitio.*
6) *Hijastro(a) o legalmente adoptado.*
7) *Nacido antes de que usted se casara.*

B) *Complete toda la informacion que appliqué a sus hijos.*

1) *columna 1 nombre complete*
2) *columna 2 fecha de nacimiento*
3) *columna 3 numero de tarjeta de residencia*
4) *columna 4 pais de nacimiento.*
5) *ultima columna. La direccion actual de sus hijos. Si vive con usted escriba "with me" si esta desaparecido o muerto escriba "missing".*

PARTE 10.

Preguntas adicionales. Estas pregunta estan vinculada con su character moral y buen comportamiento. Tenga mucho cuidado al contestar estas preguntas. Sea honesto. Si usted ha alguna vez tenido cierta dificultad con la ley, ya sea dentro o fuere de Los Estados Unidos. Le recomiendo buscar acesoramiento legal. Al final de la guia se le dara direcciones y telefonos donde acudir para este tipo de alluda. Por favor conteste las preguntas del 1 al 14.

PREGUNTAS GENERALES.

1) Ha usted alguna vez afirmado que es ciudadano Americano por escrito o de alguna otra manera?
2) Se ha registrado alguna vez para votar en las elecciones ya sea local estatal o federal en los Estados Unidos?
3) Ha usted votado en las elecciones de Los E.U.
4) Desde que usted se convirtio en residente permanente ha usted faltado en llenar las planillas de impuestos federal estatal o local?
5) Debe usted algun tipo de impuestos?
6) Tiene usted algun titulo noble de su pais natal
7) Ha usted alguna vez sido declarado incompetente o recluido en elguna institucion mental en los ultimo cinco anos?

AFILIACION.

1) Ha sido usted mienbro o ha estado alguna vez asociado con organizaciones clubes, partido, sociedad o grupo similar en Los E.U. u otro pais?
   Si su respuesta es "si" favor de completar el listado que sigue.
2) Ha sido usted miembro o ha estado asociado con:

   a) Partido comunista
   b) Partido totalitariano
   c) Organizacion terrorista

3) Ha estado usted de acuerdo con la idea de derrocar un gobierno por la fuerza?
4) Ha perseguido usted a alguna persona por el hecho de raza, origen nacional, del algun tipo social o algun partido en particular?

5) *Entre las fechas Marzo 23, 1933 y Mayo 8 1945 trabajo o se asocio usted con:*

   a) *grupo nazi de alemania.*

   b) *Algun gobierno que ocupo o estuvo aliado o alludo el movimiento nazi Aleman*

   c) *Algun Aleman, nazi, unidad militar, paramilitar, unidad de defensa, unidad vigilante. Policia, agencia de gobierno, campo de concentracion o exterminacion.*

RESIDENCIA CONTINUA

Desde que usted se convirtio en residente permanente:

a) *Ha usted afirmado ser non-residente en alguna planilla de impuestos de los E.U.?*

b) *Ha evitado usted llenar las planillas de impuestos por que usted se ha considerado non-residente.*

BUEN CARACTER MORAL

Para el proposito de esta aplicacion usted debe ser honesto y contestar cada pregunta. Usted debe contestar "si" si ha tenido algun problema con la ley, no importa si alguien: un juez, un official de la policia, o un abogado le ha dicho que usted no tiene ningun antecedente o expediente policiaco.

Ha usted alguna vez cometido una ofensa y no fue arrestado por esto?

Ha sido usted alguna vez arrestado, citado o detenido por un official de la ley incluyendo un official de emigracion por cualquier razon?

Ha sido usted alguna vez acusado de haber cometido un crimen u ofensa?

Ha sido usted algune vez convicto de un crimen u ofensa?

Ha sido usted alguna vez sentenciado a permanecer en un programa de rehabilitacion, fallo de sentencia, retrasado, o reeviado por la corte de justicia?

Ha recibido usted alguna vez sentencia por la corte de justicia que lo hayan puesto en libertad condicional o bajo palabra?

Ha usted estado en prision o en la carcel?

Si usted contesta que "si" a alguna de estas preguntas del 15 al 21, por favor complete el listado que sigue:

Primera columna: porque fue arrestado

Segunda columna: fecha en que fue detenido o arrestado

Tercera columna: donde fue usted arrestadoo detenido
Cuarta columna: resultado del proceso
CONTESTE TODAS LAS PREGUNTAS DEL 22 AL 33. SI USTED
RESPONDE AFIRMATIVO ACUALQUIERA DE ESTAS PREGUNTA
SIRVASE A DAR EXPLICACION EN UNA HOJA SEPARADA E INCLUIR
CUALQUIER DOCUMENTO PERTINENTE.

22) *Ha sido o ha estado usted alguna vez:*

1) *consumidor de alcohol habitual?*
2) *prostituido, procurado a alguien para la prostitucion?*
3) *vendido o contrabandiado con substancia illegal como drogas o narcoticos?*
4) *casado con mas de una persona al mismo tiempo?*
5) *ayudado a alguie a entrar ilegalmente al pais de Los Estados Unidos?*
6) *recibido dinero por juego de azar illegal*

Evitar o faltar en los pagos de manuntension para sus hijos?

23) *Le ha usted mentido a un official del gobierno mientras aplicaba para beneficios de emigracion para prevenir deportacion o ser removido del pais?*
24) *Ha usted alguna vez mentido a un official del gobierno para adquirir entrada ilegal al pais de Los E.U.?*

E) *Procedimiento de dportacion*

25) *Esta usted en proceso de ser removido, de resicion, o deportacion?*
26) *Ha sido usted alguna vez removido excluido deportado de Los E.U.?*
27) *Ha sido usted ordenado por la corte o emigracion de ser deportado de Los E.U.?*
28) *ha sometido usted alguna vez una aplicacion para no ser deportado de Los E.U.?*

SERVICIO MILITAR

29) *ha estado usted alguna vez en las fuerzas armadas de Los E.U.?*
30) *Se ha marchado usted alguna vez del pais para no servir en las furzas armadas de Los E.U>?*
31) *Ha usted alguna vez aplicado para ser excluido del servicio de las fuerzas armadas de Los E.U.?*

32) Ha abandonado usted alguna vez las fuerzas armadas de Los E.U. (desertor)?

SERVICIO SELECTIVO MILITAR (REGISTRACION)

33) Es usted un baron que ha estado residiendo en los Estados Unidos legalmente y esta usted entre las edades de 18 a 26 anos de edad?
Si usted contesta "no" prosiga a la pregunta #34.

Si usted contesta "si" y no se ha registrado y esta entre estas edades, debe registrarse antes de aplicar parala ciudadania para poder completar la informacion que siguen.
Fecha en que se registro y numero de servicio selectivo.

H REQUISITO PARA LA JURAMENTACION

Contest las preguntas desde la 34 a la 39. Si su respuesta es no a cualquiera de de ellas incluya un hoja explicando el porque y culquier documento relacionado.

34) Esta usted de acuerdo con las ideas expuestas en al constitucion de Los E.U.?
35) Entiende usted completamente el juramento de lealtad a Los E.U.?
36) Esta usted dispuesto a tomar el juramento de lealtad de Los Estados Unidos?
37) Si la ley lo require esta usted dispuesto a tomar las armas para defender a Los Estados Unidos de Norte America?
38) Si la ley lo require este usted dispuesto a prestar servisios no combatiente en las fuerzas armadas de Los E.U.?
39) si la ley lo require esta usted dispuesto a ejecutar trabajo de importancia nacional bajo las direcciones civiles?

PARTE 11.

Su firma
Y afirmo y certifico bajo penalidad de perjurio bajo las leyes de Los Estados Unidos que todas las informaciones en esta aplicacion estan correctas y verdadera. Tambien autorizo a cualquier agencia de necesidad dar cualquier informacion que el departamenteo de emigracion necesite para el proceso de mi aplicacion.

Si su aplicacion fue completada por otra persona ademas de usted, la persona debe completar la parte 12.

LAS PARTES 13 Y 14 SERAN COMPLETADA DELANTE DE UN OFICIAL O INSPECTOR DE EMIGRACION.

Preparacion final

Usted debe estudiar bien todas las informaciones en su aplicacion puesto que la mayoria de preguntas que le hara en la entrevista se relaciona con la respuesta que usted ha contestado en ella.

Debe tener paciencia despues de suministrar su aplicacion, pues la espera es mayor ahora. Usted recibira una carta confirmando el recibo de su aplicacion por lo menos en tres meses.

Todo aplicante debe incluir: una fotocopia de los dos lados de su tarjeta de residencia. Si usted ha perdido su tarjeta de residencia envie una copia del formulario I-90 que se expide para fines de duplicado.

Dos fotos identicas en colores. Escriba su nombre completo y su numero de residencia al dorso de las dos fotos con lapis.

Un cheque o money order por la cantida de $675.00. $595.00 por derecho de aplicacion y $80.00 para las huellas digitales.

Si ha habido cambios notables en su vida despues de haber aplicado para la ciudadania, este al tanto de estos cambios para cuando vaya ala entrevista.

Ejemplos:

cambios de direccion.
Una nueva adicion a la familia. Le ha nacido un nino o una nina
Debe traer consigo la tarjeta de residencia
Identificacion personal; Lisencia de conducir y su pasaporte.
Documentos de viajes si usted ha estado fuera del pais por mas de seis meses o un ano
Copias de impuestos por los ultimos tres anos
Si a usted se le ha requerido que se registre con el servicio militar obligatorio. Traiga prueba de que se ha registrado.

Si usted es separado o divorciado y tiene ninos con su ex esposa(o) y esta actualmente pagando dinero para la manuetencion, traiga documentos do prueba como money orders cheques cancelados u otro documento de la corte relacionado con esto.

LE DESEO MUCHAS FELICIDADES EN SU PROCESO Y FELICITACIONE UNA VEZ MAS.

**U.S. Citizenship
and Immigration
Services**

(rev. 01/09)

UPDATED

Civics (History and Government) Questions for the Redesigned (New) Naturalization Test

The 100 civics (history and government) questions and answers for the redesigned (new) naturalization test are listed below. Applicants who filed the *Application for Naturalization, Form N-400*, on or after October 1, 2008, should study this list. The civics test is an oral test and the USCIS Officer will ask the applicant up to 10 of the 100 civics questions. An applicant must answer 6 out of 10 questions correctly to pass the civics portion of the naturalization test.

Although USCIS is aware that there may be additional correct answers to the 100 civics questions, applicants are encouraged to respond to the civics questions using the answers provided below.

AMERICAN GOVERNMENT

A: Principles of American Democracy

1. **What is the supreme law of the land?**
   - *the Constitution*
2. **What does the Constitution do?**
   - *sets up the government*
   - *defines the government*
   - *protects basic rights of Americans*
3. **The idea of self-government is in the first three words of the Constitution. What are these words?**
   - *We the People*
4. **What is an amendment?**
   - *a change (to the Constitution)*
   - *an addition (to the Constitution)*
5. **What do we call the first ten amendments to the Constitution?**
   - *the Bill of Rights*
6. **What is <u>one</u> right or freedom from the First Amendment?***
   - *speech*
   - *religion*
   - *assembly*
   - *press*
   - *petition the government- -*

---

* If you are 65 years old or older and have been a legal permanent resident of the United States for 20 or more years, you may study just the questions that have been marked with an asterisk.

7. How many amendments does the Constitution have?
- *twenty-seven (27)*

8. What did the Declaration of Independence do?
- *announced our independence (from Great Britain)*
- *declared our independence (from Great Britain)*
- *said that the United States is free (from Great Britain)*

9. What are <u>two</u> rights in the Declaration of Independence?
- *life*
- *liberty*
- *pursuit of happiness*

10. What is freedom of religion?
- *You can practice any religion, or not practice a religion.*

11. What is the economic system in the United States?*
- *capitalist economy*
- *market economy*

12. What is the "rule of law"?
- *Everyone must follow the law.*
- *Leaders must obey the law.*
- *Government must obey the law.*
- *No one is above the law.*

B: System of Government

13. Name <u>one</u> branch or part of the government.*
- *Congress*
- *legislative*
- *President*
- *executive*
- *the courts*
- *judicial*

14. What stops <u>one</u> branch of government from becoming too powerful?
- *checks and balances*
- *separation of powers*

15. Who is in charge of the executive branch?
- *the President*

16. Who makes federal laws?
- *Congress*
- *Senate and House (of Representatives)*
- *(U.S. or national) legislature*

17. What are the <u>two</u> parts of the U.S. Congress?*
- *the Senate and House (of Representatives)- - **

If you are 65 years old or older and have been a legal permanent resident of the United States for 20 or more years, you may study just the questions that have been marked with an asterisk.

18. How many U.S. Senators are there?
- *one hundred (100)*

19. We elect a U.S. Senator for how many years?
- *six (6)*

20. Who is <u>one</u> of your state's U.S. Senators now?*
- *Answers will vary. [District of Columbia residents and residents of U.S. territories should answer that D.C. (or the territory where the applicant lives) has no U.S. Senators.]*

21. The House of Representatives has how many voting members?
- *four hundred thirty-five (435)*

22. We elect a U.S. Representative for how many years?
- *two (2)*

23. Name your U.S. Representative.
- *Answers will vary. [Residents of territories with nonvoting Delegates or Resident Commissioners may provide the name of that Delegate or Commissioner. Also acceptable is any statement that the territory has no (voting) Representatives in Congress.]*

24. Who does a U.S. Senator represent?
- *all people of the state*

25. Why do some states have more Representatives than other states?
- *(because of) the state's population*
- *(because) they have more people*
- *(because) some states have more people*

26. We elect a President for how many years?
- *four (4)*

27. In what month do we vote for President?*
- *November*

28. What is the name of the President of the United States now?*
- *Barack Obama*
- *Obama*

29. What is the name of the Vice President of the United States now?
- *Joseph R. Biden, Jr.*
- *Joe Biden*
- *Biden*

30. If the President can no longer serve, who becomes President?
- *the Vice President*

31. If both the President and the Vice President can no longer serve, who becomes President?
- *the Speaker of the House*

32. Who is the Commander in Chief of the military?
- *the President- -*

*If you are 65 years old or older and have been a legal permanent resident of the United States for 20 or more years, you may study just the questions that have been marked with an asterisk.

33. Who signs bills to become laws?
- *the President*

34. Who vetoes bills?
- *the President*

35. What does the President's Cabinet do?
- *advises the President*

36. What are two Cabinet-level positions?
- *Secretary of Agriculture*
- *Secretary of Commerce*
- *Secretary of Defense*
- *Secretary of Education*
- *Secretary of Energy*
- *Secretary of Health and Human Services*
- *Secretary of Homeland Security*
- *Secretary of Housing and Urban Development*
- *Secretary of the Interior*
- *Secretary of Labor*
- *Secretary of State*
- *Secretary of Transportation*
- *Secretary of the Treasury*
- *Secretary of Veterans Affairs*
- *Attorney General*
- *Vice President*

37. What does the judicial branch do?
- *reviews laws*
- *explains laws*
- *resolves disputes (disagreements)*
- *decides if a law goes against the Constitution*

38. What is the highest court in the United States?
- *the Supreme Court*

39. How many justices are on the Supreme Court?
- *nine (9)*

40. Who is the Chief Justice of the United States now?
- *John Roberts (John G. Roberts, Jr.)*

41. Under our Constitution, some powers belong to the federal government. What is one power of the federal government?
- *to print money*
- *to declare war*
- *to create an army*
- *to make treaties- -*

---

* If you are 65 years old or older and have been a legal permanent resident of the United States for 20 or more years, you may study just the questions that have been marked with an asterisk.

42. **Under our Constitution, some powers belong to the states. What is <u>one</u> power of the states?**
- *provide schooling and education*
- *provide protection (police)*
- *provide safety (fire departments)*
- *give a driver's license*
- *approve zoning and land use*

43. **Who is the Governor of your state now?**
- *Answers will vary. [District of Columbia residents should answer that D.C. does not have a Governor.]*

44. **What is the capital of your state?***
- *Answers will vary. [District of Columbia residents should answer that D.C. is not a state and does not have a capital. Residents of U.S. territories should name the capital of the territory.]*

45. **What are the <u>two</u> major political parties in the United States?***
- *Democratic and Republican*

46. **What is the political party of the President now?**
- *Democratic (Party)*

47. **What is the name of the Speaker of the House of Representatives now?**
- *(Nancy) Pelosi*

C: Rights and Responsibilities

48. **There are four amendments to the Constitution about who can vote. Describe <u>one</u> of them.**
- *Citizens eighteen (18) and older (can vote).*
- *You don't have to pay (a poll tax) to vote.*
- *Any citizen can vote. (Women and men can vote.)*
- *A male citizen of any race (can vote).*

49. **What is <u>one</u> responsibility that is only for United States citizens?***
- *serve on a jury*
- *vote in a federal election*

50. **Name <u>one</u> right only for United States citizens.**
- *vote in a federal election*
- *run for federal office*

51. **What are <u>two</u> rights of everyone living in the United States?**
- *freedom of expression*
- *freedom of speech*
- *freedom of assembly*
- *freedom to petition the government*
- *freedom of worship*
- *the right to bear arms*

52. **What do we show loyalty to when we say the Pledge of Allegiance?**
- *the United States*
- *the flag- -*

---

* If you are 65 years old or older and have been a legal permanent resident of the United States for 20 or more years, you may study just the questions that have been marked with an asterisk.

53. What is <u>one</u> promise you make when you become a United States citizen?
- *give up loyalty to other countries*
- *defend the Constitution and laws of the United States*
- *obey the laws of the United States*
- *serve in the U.S. military (if needed)*
- *serve (do important work for) the nation (if needed)*
- *be loyal to the United States*

54. How old do citizens have to be to vote for President?*
- *eighteen (18) and older*

55. What are <u>two</u> ways that Americans can participate in their democracy?
- *vote*
- *join a political party*
- *help with a campaign*
- *join a civic group*
- *join a community group*
- *give an elected official your opinion on an issue*
- *call Senators and Representatives*
- *publicly support or oppose an issue or policy*
- *run for office*
- *write to a newspaper*

56. When is the last day you can send in federal income tax forms?*
- *April 15*

57. When must all men register for the Selective Service?
- *at age eighteen (18)*
- *between eighteen (18) and twenty-six (26)*

AMERICAN HISTORY

A: Colonial Period and Independence

58. What is <u>one</u> reason colonists came to America?
- *freedom*
- *political liberty*
- *religious freedom*
- *economic opportunity*
- *practice their religion*
- *escape persecution*

59. Who lived in America before the Europeans arrived?
- *American Indians*
- *Native Americans- -*

* If you are 65 years old or older and have been a legal permanent resident of the United States for 20 or more years, you may study just the questions that have been marked with an asterisk.

60. What group of people was taken to America and sold as slaves?
- *Africans*
- *people from Africa*

61. Why did the colonists fight the British?
- *because of high taxes (taxation without representation)*
- *because the British army stayed in their houses (boarding, quartering)*
- *because they didn't have self-government*

62. Who wrote the Declaration of Independence?
- *(Thomas) Jefferson*

63. When was the Declaration of Independence adopted?
- *July 4, 1776*

64. There were 13 original states. Name <u>three</u>.
- *New Hampshire*
- *Massachusetts*
- *Rhode Island*
- *Connecticut*
- *New York*
- *New Jersey*
- *Pennsylvania*
- *Delaware*
- *Maryland*
- *Virginia*
- *North Carolina*
- *South Carolina*
- *Georgia*

65. What happened at the Constitutional Convention?
- *The Constitution was written.*
- *The Founding Fathers wrote the Constitution.*

66. When was the Constitution written?
- *1787*

67. The Federalist Papers supported the passage of the U.S. Constitution. Name <u>one</u> of the writers.
- *(James) Madison*
- *(Alexander) Hamilton*
- *(John) Jay*
- *Publius*

68. What is <u>one</u> thing Benjamin Franklin is famous for?
- *U.S. diplomat*
- *oldest member of the Constitutional Convention*
- *first Postmaster General of the United States*
- *writer of "Poor Richard's Almanac"*
- *started the first free libraries- -*

---

* If you are 65 years old or older and have been a legal permanent resident of the United States for 20 or more years, you may study just the questions that have been marked with an asterisk.

69. Who is the "Father of Our Country"?
- *(George) Washington*

70. Who was the first President?*
- *(George) Washington*

B: 1800s

71. What territory did the United States buy from France in 1803?
- *the Louisiana Territory*
- *Louisiana*

72. Name <u>one</u> war fought by the United States in the 1800s.
- *War of 1812*
- *Mexican-American War*
- *Civil War*
- *Spanish-American War*

73. Name the U.S. war between the North and the South.
- *the Civil War*
- *the War between the States*

74. Name <u>one</u> problem that led to the Civil War.
- *slavery*
- *economic reasons*
- *states' rights*

75. What was <u>one</u> important thing that Abraham Lincoln did?*
- *freed the slaves (Emancipation Proclamation)*
- *saved (or preserved) the Union*
- *led the United States during the Civil War*

76. What did the Emancipation Proclamation do?
- *freed the slaves*
- *freed slaves in the Confederacy*
- *freed slaves in the Confederate states*
- *freed slaves in most Southern states*

77. What did Susan B. Anthony do?
- *fought for women's rights*
- *fought for civil rights*

C: Recent American History and Other Important Historical Information

78. Name <u>one</u> war fought by the United States in the 1900s.*
- *World War I*
- *World War II*
- *Korean War*
- *Vietnam War*
- *(Persian) Gulf War- -*

---

* If you are 65 years old or older and have been a legal permanent resident of the United States for 20 or more years, you may study just the questions that have been marked with an asterisk.

79. Who was President during World War I?
- *(Woodrow) Wilson*

80. Who was President during the Great Depression and World War II?
- *(Franklin) Roosevelt*

81. Who did the United States fight in World War II?
- *Japan, Germany, and Italy*

82. Before he was President, Eisenhower was a general. What war was he in?
- *World War II*

83. During the Cold War, what was the main concern of the United States?
- *Communism*

84. What movement tried to end racial discrimination?
- *civil rights (movement)*

85. What did Martin Luther King, Jr. do?*
- *fought for civil rights*
- *worked for equality for all Americans*

86. What major event happened on September 11, 2001, in the United States?
- *Terrorists attacked the United States.*

87. Name <u>one</u> American Indian tribe in the United States.

[USCIS Officers will be supplied with a list of federally recognized American Indian tribes.]

- *Cherokee*
- *Navajo*
- *Sioux*
- *Chippewa*
- *Choctaw*
- *Pueblo*
- *Apache*
- *Iroquois*
- *Creek*
- *Blackfeet*
- *Seminole*
- *Cheyenne*
- *Arawak*
- *Shawnee*
- *Mohegan*
- *Huron*
- *Oneida*
- *Lakota*
- *Crow*
- *Teton*
- *Hopi*
- *Inuit-0-*

* If you are 65 years old or older and have been a legal permanent resident of the United States for 20 or more years, you may study just the questions that have been marked with an asterisk.

INTEGRATED CIVICS

A: Geography

88. Name <u>one</u> of the two longest rivers in the United States.
- *Missouri (River)*
- *Mississippi (River)*

89. What ocean is on the West Coast of the United States?
- *Pacific (Ocean)*

90. What ocean is on the East Coast of the United States?
- *Atlantic (Ocean)*

91. Name <u>one</u> U.S. territory.
- *Puerto Rico*
- *U.S. Virgin Islands*
- *American Samoa*
- *Northern Mariana Islands*
- *Guam*

92. Name <u>one</u> state that borders Canada.
- *Maine*
- *New Hampshire*
- *Vermont*
- *New York*
- *Pennsylvania*
- *Ohio*
- *Michigan*
- *Minnesota*
- *North Dakota*
- *Montana*
- *Idaho*
- *Washington*
- *Alaska*

93. Name <u>one</u> state that borders Mexico.
- *California*
- *Arizona*
- *New Mexico*
- *Texas*

94. What is the capital of the United States?*
- *Washington, D.C.*

95. Where is the Statue of Liberty?*
- *New York (Harbor)*
- *Liberty Island*

[Also acceptable are New Jersey, near New York City, and on the Hudson (River).]—

---

* If you are 65 years old or older and have been a legal permanent resident of the United States for 20 or more years, you may study just the questions that have been marked with an asterisk.

B: Symbols

96. Why does the flag have 13 stripes?
- *because there were 13 original colonies*
- *because the stripes represent the original colonies*

97. Why does the flag have 50 stars?*
- *because there is one star for each state*
- *because each star represents a state*
- *because there are 50 states*

98. What is the name of the national anthem?
- *The Star-Spangled Banner*

C: Holidays

99. When do we celebrate Independence Day?*
- *July 4*

100. Name <u>two</u> national U.S. holidays.
- *New Year's Day*
- *Martin Luther King, Jr. Day*
- *Presidents' Day*
- *Memorial Day*
- *Independence Day*
- *Labor Day*
- *Columbus Day*
- *Veterans Day*
- *Thanksgiving*
- *Christmas*

* If you are 65 years old or older and have been a legal permanent resident of the United States for 20 or more years, you may study just the questions that have been marked with an asterisk.- -

OMB No. 1615-0052, Expires 10/31/07

Department of Homeland Security
U.S Citizenship and Immigration Services

N-400 Application
for Naturalization

Print clearly or type your answers using CAPITAL letters. Failure to print clearly may delay your application. Use black ink.

Part 1. Your Name. *(The Person Applying for Naturalization)*

Write your USCIS "A"- number here:
A

A. Your current legal name.

Family Name *(Last Name)*

Given Name *(First Name)*   Full Middle Name *(If applicable)*

B. Your name **exactly** as it appears on your Permanent Resident Card.

Family Name *(Last Name)*

Given Name *(First Name)*   Full Middle Name *(If applicable)*

C. If you have ever used other names, provide them below.

Family Name *(Last Name)*	Given Name *(First Name)*	Middle Name

D. Name change *(optional)*

Please read the Instructions before you decide whether to change your name.

1. Would you like to legally change your name?   ☐ Yes   ☐ No
2. If "Yes," print the new name you would like to use. Do not use initials or abbreviations when writing your new name.

Family Name *(Last Name)*

Given Name *(First Name)*   Full Middle Name

For USCIS Use Only

Bar Code	Date Stamp

Remarks

Action Block

Part 2. Information About Your Eligibility. *(Check Only One)*

I am at least 18 years old **AND**

A ☐ I have been a Lawful Permanent Resident of the United States for at least five years.

B. ☐ I have been a Lawful Permanent Resident of the United States for at least three years, **and I** have been married to and living with the same U.S. citizen for the last three years, **and my** spouse has been a U.S. citizen for the last three years.

C. ☐ I am applying on the basis of qualifying military service.

D. ☐ Other *(Please explain)* _____

Form N-400 (Rev. 07/30/07)Y

Part 3. Information About You.

Write your USCIS "A"- number here:
A

A. U.S. Social Security Number **B.** Date of Birth *(mm/dd/yyyy)* **C.** Date You Became a Permanent Resident *(mm/dd/yyyy)*

D. Country of Birth   **E.** Country of Nationality

F. Are either of your parents U.S. citizens? *(if yes, see Instructions)* ☐ Yes ☐ No

G. What is your current marital status? ☐ Single, Never Married ☐ Married ☐ Divorced ☐ Widowed

☐ Marriage Annulled or Other *(Explain)*

H. Are you requesting a waiver of the English and/or U.S. History and Government requirements based on a disability or impairment and attaching a Form N-648 with your application? ☐ Yes ☐ No

I. Are you requesting an accommodation to the naturalization process because of a disability or impairment? *(See Instructions for some examples of accommodations.)* ☐ Yes ☐ No

If you answered "Yes," check the box below that applies:

☐ I am deaf or hearing impaired and need a sign language interpreter who uses the following language: _____

☐ I use a wheelchair.

☐ I am blind or sight impaired.

☐ I will need another type of accommodation. Please explain: _____

Part 4. Addresses and Telephone Numbers.

A. Home Address - Street Number and Name *(Do not write a P.O. Box in this space)*   Apartment Number

City   County   State   ZIP Code   Country

B. Care of   Mailing Address - Street Number and Name *(If different from home address)*   Apartment Number

City   State   ZIP Code   Country

C. Daytime Phone Number *(If any)*   Evening Phone Number *(If any)*   E-mail Address *(If any)*

(   )   (   )

Part 5. Information for Criminal Records Search.	Write your USCIS "A"- number here: A

NOTE: The categories below are those required by the FBI. See Instructions for more information.

A. Gender   **B.** Height   **C.** Weight

☐ Male   ☐ Female | Feet | Inches | | Pounds |

D. Are you Hispanic or Latino?   ☐ Yes   ☐ No

E. Race *(Select one or more.)*

☐ White   ☐ Asian   ☐ Black or African American   ☐ American Indian or Alaskan Native   ☐ Native Hawaiian or Other Pacific Islander

F. Hair color

☐ Black   ☐ Brown   ☐ Blonde   ☐ Gray   ☐ White   ☐ Red   ☐ Sandy   ☐ Bald (No Hair)

G. Eye color

☐ Brown   ☐ Blue   ☐ Green   ☐ Hazel   ☐ Gray   ☐ Black   ☐ Pink   ☐ Maroon   ☐ Other

Part 6. Information About Your Residence and Employment.

A. Where have you lived during the last five years? Begin with where you live now and then list every place you lived for the last five years. If you need more space, use a separate sheet(s) of paper.

Street Number and Name, Apartment Number, City, State, Zip Code and Country	Dates *(mm/dd/yyyy)*	
	From	To
Current Home Address - Same as Part 4.A		Present

B. Where have you worked (or, if you were a student, what schools did you attend) during the last five years? Include military service. Begin with your current or latest employer and then list every place you have worked or studied for the last five years. If you need more space, use a separate sheet of paper.

Employer or School Name	Employer or School Address *(Street, City and State)*	Dates *(mm/dd/yyyy)*		Your Occupation
		From	To	

Part 7. Time Outside the United States.
(Including Trips to Canada, Mexico and the Caribbean Islands)

Write your USCIS "A"- number here:
A

A. How many total days did you spend outside of the United States during the past five years? [   ] days

B. How many trips of 24 hours or more have you taken outside of the United States during the past five years? [   ] trips

C. List below all the trips of 24 hours or more that you have taken outside of the United States since becoming a Lawful Permanent Resident. Begin with your most recent trip. If you need more space, use a separate sheet(s) of paper.

Date You Left the United States (mm/dd/yyyy)	Date You Returned to the United States (mm/dd/yyyy)	Did Trip Last Six Months or More?	Countries to Which You Traveled	Total Days Out of the United States
		☐ Yes ☐ No		
		☐ Yes ☐ No		
		☐ Yes ☐ No		
		☐ Yes ☐ No		
		☐ Yes ☐ No		
		☐ Yes ☐ No		
		☐ Yes ☐ No		
		☐ Yes ☐ No		
		☐ Yes ☐ No		
		☐ Yes ☐ No		

Part 8. Information About Your Marital History.

A. How many times have you been married (including annulled marriages)? [   ] If you have **never** been married, go to Part 9.

B. If you are now married, give the following information about your spouse:

1. Spouse's Family Name *(Last Name)*   Given Name *(First Name)*   Full Middle Name *(If applicable)*

2. Date of Birth *(mm/dd/yyyy)*   **3.** Date of Marriage *(mm/dd/yyyy)*   **4.** Spouse's U.S. Social Security #

5. Home Address - Street Number and Name   Apartment Number

City   State   Zip Code

Part 8. Information About Your Marital History. *(Continued)*

C. Is your spouse a U.S. citizen?   ☐ Yes   ☐ No

D. If your spouse is a U.S. citizen, give the following information:

1. When did your spouse become a U.S. citizen?   ☐ At Birth   ☐ Other

If "Other," give the following information:

2. Date your spouse became a U.S. citizen

3. Place your spouse became a U.S. citizen *(Please see Instructions)*

City and State

E. If your spouse is not a U.S. citizen, give the following information :

1. Spouse's Country of Citizenship

2. Spouse's USCIS "A"- Number *(If applicable)*

A

3. Spouse's Immigration Status

☐ Lawful Permanent Resident   ☐ Other

F. If you were married before, provide the following information about your prior spouse. If you have more than one previous marriage, use a separate sheet(s) of paper to provide the information requested in Questions 1-5 below.

1. Prior Spouse's Family Name *(Last Name)*   Given Name *(First Name)*   Full Middle Name *(If applicable)*

2. Prior Spouse's Immigration Status

☐ U.S. Citizen

☐ Lawful Permanent Resident

☐ Other _____

3. Date of Marriage *(mm/dd/yyyy)*

4. Date Marriage Ended *(mm/dd/yyyy)*

5. How Marriage Ended

☐ Divorce   ☐ Spouse Died   ☐ Other

G. How many times has your current spouse been married (including annulled marriages)?

If your spouse has **ever** been married before, give the following information about **your spouse's** prior marriage. If your spouse has more than one previous marriage, use a separate sheet(s) of paper to provide the information requested in Questions 1 - 5 below.

1. Prior Spouse's Family Name *(Last Name)*   Given Name *(First Name)*   Full Middle Name *(If applicable)*

2. Prior Spouse's Immigration Status

☐ U.S. Citizen

☐ Lawful Permanent Resident

☐ Other _____

3. Date of Marriage *(mm/dd/yyyy)*

4. Date Marriage Ended *(mm/dd/yyyy)*

5. How Marriage Ended

☐ Divorce   ☐ Spouse Died   ☐ Other

Part 9. Information About Your Children.

Write your USCIS "A"- number here:
A

A. How many sons and daughters have you had? For more information on which sons and daughters you should include and how to complete this section, see the Instructions.

B. Provide the following information about all of your sons and daughters. If you need more space, use a separate sheet(s) of paper.

Full Name of Son or Daughter	Date of Birth (mm/dd/yyyy)	USCIS "A"- number (if child has one)	Country of Birth	Current Address (Street, City, State and Country)
		A		
		A		
		A		
		A		
		A		
		A		
		A		
		A		

Add Children			Go to continuation page

Part 10. Additional Questions.

Please answer Questions 1 through 14. If you answer "Yes" to any of these questions, include a written explanation with this form. Your written explanation should (1) explain why your answer was "Yes" and (2) provide any additional information that helps to explain your answer.

A. General Questions.

1. Have you **ever** claimed to be a U.S. citizen *(in writing or any other way)*? ☐ Yes ☐ No

2. Have you **ever** registered to vote in any Federal, state or local election in the United States? ☐ Yes ☐ No

3. Have you **ever** voted in any Federal, state or local election in the United States? ☐ Yes ☐ No

4. Since becoming a Lawful Permanent Resident, have you **ever** failed to file a required Federal state or local tax return? ☐ Yes ☐ No

5. Do you owe any Federal, state or local taxes that are overdue? ☐ Yes ☐ No

6. Do you have any title of nobility in any foreign country? ☐ Yes ☐ No

7. Have you **ever** been declared legally incompetent or been confined to a mental institution within the last five years? ☐ Yes ☐ No

Part 10. Additional Questions. (Continued)

Write your USCIS "A"- number here:
A

B. Affiliations.

8. a　Have you ever been a member of or associated with any organization, association, fund foundation, party, club, society or similar group in the United States or in any other place?　☐ Yes　☐ No

b.　If you answered "Yes," list the name of each group below. If you need more space, attach the names of the other group(s) on a separate sheet(s) of paper.

Name of Group	Name of Group
1.	6.
2.	7.
3.	8.
4.	9.
5.	10.

9. Have you ever been a member of or in any way associated *(either directly or indirectly)* with:

a.　The Communist Party?　☐ Yes　☐ No

b.　Any other totalitarian party?　☐ Yes　☐ No

c.　A terrorist organization?　☐ Yes　☐ No

10. Have you ever advocated *(either directly or indirectly)* the overthrow of any government by force or violence?　☐ Yes　☐ No

11. Have you ever persecuted *(either directly or indirectly)* any person because of race, religion, national origin, membership in a particular social group or political opinion?　☐ Yes　☐ No

12. Between March 23, 1933 and May 8, 1945, did you work for or associate in any way *(either directly or indirectly)* with:

a.　The Nazi government of Germany?　☐ Yes　☐ No

b.　Any government in any area (1) occupied by, (2) allied with, or (3) established with the help of the Nazi government of Germany?　☐ Yes　☐ No

c.　Any German, Nazi, or S.S. military unit, paramilitary unit, self-defense unit, vigilante unit, citizen unit, police unit, government agency or office, extermination camp, concentration camp, prisoner of war camp, prison, labor camp or transit camp?　☐ Yes　☐ No

C. Continuous Residence.

Since becoming a Lawful Permanent Resident of the United States:

13. Have you ever called yourself a "nonresident" on a Federal, state or local tax return?　☐ Yes　☐ No

14. Have you ever failed to file a Federal, state or local tax return because you considered yourself to be a "nonresident"?　☐ Yes　☐ No

Part 10. Additional Questions. (Continued)	Write your USCIS "A"- number here: A

D. Good Moral Character.

For the purposes of this application, you must answer "Yes" to the following questions, if applicable, even if your records were sealed or otherwise cleared or if anyone, including a judge, law enforcement officer or attorney, told you that you no longer have a record.

15. Have you **ever** committed a crime or offense for which you were **not** arrested?   ☐ Yes   ☐ No

16. Have you **ever** been arrested, cited or detained by any law enforcement officer (including USCIS or former INS and military officers) for any reason?   ☐ Yes   ☐ No

17. Have you **ever** been charged with committing any crime or offense?   ☐ Yes   ☐ No

18. Have you **ever** been convicted of a crime or offense?   ☐ Yes   ☐ No

19. Have you **ever** been placed in an alternative sentencing or a rehabilitative program (for example: diversion, deferred prosecution, withheld adjudication, deferred adjudication)?   ☐ Yes   ☐ No

20. Have you **ever** received a suspended sentence, been placed on probation or been paroled?   ☐ Yes   ☐ No

21. Have you **ever** been in jail or prison?   ☐ Yes   ☐ No

If you answered "Yes" to any of Questions 15 through 21, complete the following table. If you need more space, use a separate sheet (s) of paper to give the same information.

Why were you arrested, cited, detained or charged?	Date arrested, cited, detained or charged? (mm/dd/yyyy)	Where were you arrested, cited, detained or charged? (City, State, Country)	Outcome or disposition of the arrest, citation, detention or charge (No charges filed, charges dismissed, jail, probation, etc.)

Answer Questions 22 through 33. If you answer "Yes" to any of these questions, attach (1) your written explanation why your answer was "Yes" and (2) any additional information or documentation that helps explain your answer.

22. Have you ever:

   a. Been a habitual drunkard?   ☐ Yes   ☐ No

   b. Been a prostitute, or procured anyone for prostitution?   ☐ Yes   ☐ No

   c. Sold or smuggled controlled substances, illegal drugs or narcotics?   ☐ Yes   ☐ No

   d. Been married to more than one person at the same time?   ☐ Yes   ☐ No

   e. Helped anyone enter or try to enter the United States illegally?   ☐ Yes   ☐ No

   f. Gambled illegally or received income from illegal gambling?   ☐ Yes   ☐ No

   g. Failed to support your dependents or to pay alimony?   ☐ Yes   ☐ No

23. Have you **ever** given false or misleading information to any U.S. government official while applying for any immigration benefit or to prevent deportation, exclusion or removal?   ☐ Yes   ☐ No

24. Have you **ever** lied to any U.S. government official to gain entry or admission into the United States?   ☐ Yes   ☐ No

Part 10. Additional Questions. (Continued)	Write your USCIS "A"- number here: A

E. Removal, Exclusion and Deportation Proceedings.

25. Are removal, exclusion, rescission or deportation proceedings pending against you? ☐ Yes ☐ No

26. Have you ever been removed, excluded or deported from the United States? ☐ Yes ☐ No

27. Have you ever been ordered to be removed, excluded or deported from the United States? ☐ Yes ☐ No

28. Have you ever applied for any kind of relief from removal, exclusion or deportation? ☐ Yes ☐ No

F. Military Service.

29. Have you ever served in the U.S. Armed Forces? ☐ Yes ☐ No

30. Have you ever left the United States to avoid being drafted into the U.S. Armed Forces? ☐ Yes ☐ No

31. Have you ever applied for any kind of exemption from military service in the U.S. Armed Forces? ☐ Yes ☐ No

32. Have you ever deserted from the U.S. Armed Forces? ☐ Yes ☐ No

G. Selective Service Registration.

33. Are you a male who lived in the United States at any time between your 18th and 26th birthdays in any status except as a lawful nonimmigrant? ☐ Yes ☐ No

If you answered "NO," go on to question 34.

If you answered "YES," provide the information below.

If you answered "YES," but you did not register with the Selective Service System and are still under 26 years of age, you must register before you apply for naturalization, so that you can complete the information below:

Date Registered (mm/dd/yyyy) [   ]   Selective Service Number [   ]

If you answered "YES," but you did not register with the Selective Service and you are now 26 years old or older, attach a statement explaining why you did not register.

H. Oath Requirements. *(See Part 14 for the Text of the Oath)*

Answer Questions 34 through 39. If you answer "No" to any of these questions, attach (1) your written explanation why the answer was "No" and (2) any additional information or documentation that helps to explain your answer.

34. Do you support the Constitution and form of government of the United States? ☐ Yes ☐ No

35. Do you understand the full Oath of Allegiance to the United States? ☐ Yes ☐ No

36. Are you willing to take the full Oath of Allegiance to the United States? ☐ Yes ☐ No

37. If the law requires it, are you willing to bear arms on behalf of the United States? ☐ Yes ☐ No

38. If the law requires it, are you willing to perform noncombatant services in the U.S. Armed Forces? ☐ Yes ☐ No

39. If the law requires it, are you willing to perform work of national importance under civilian direction? ☐ Yes ☐ No

Form N-400 (Rev. 07/30/07)Y Page 9

Part 11. Your Signature.

Write your USCIS "A"- number here:
A

I certify, under penalty of perjury under the laws of the United States of America, that this application, and the evidence submitted with it, are all true and correct. I authorize the release of any information that the USCIS needs to determine my eligibility for naturalization.

Your Signature

Date *(mm/dd/yyyy)*

Part 12. Signature of Person Who Prepared This Application for You. *(If Applicable)*

I declare under penalty of perjury that I prepared this application at the request of the above person. The answers provided are based on information of which I have personal knowledge and/or were provided to me by the above named person in response to the *exact questions* contained on this form.

Preparer's Printed Name

Preparer's Signature

Date *(mm/dd/yyyy)*

Preparer's Firm or Organization Name *(If applicable)*

Preparer's Daytime Phone Number

Preparer's Address - Street Number and Name

City

State

Zip Code

NOTE: Do not complete Parts 13 and 14 until a USCIS Officer instructs you to do so.

Part 13. Signature at Interview.

I swear (affirm) and certify under penalty of perjury under the laws of the United States of America that I know that the contents of this application for naturalization subscribed by me, including corrections numbered 1 through _____ and the evidence submitted by me numbered pages 1 through _____ , are true and correct to the best of my knowledge and belief.

Subscribed to and sworn to (affirmed) before me

Officer's Printed Name or Stamp

Date *(mm/dd/yyyy)*

Complete Signature of Applicant

Officer's Signature

Part 14. Oath of Allegiance.

If your application is approved, you will be scheduled for a public oath ceremony at which time you will be required to take the following oath of allegiance immediately prior to becoming a naturalized citizen. By signing, you acknowledge your willingness and ability to take this oath:

I hereby declare, on oath, that I absolutely and entirely renounce and abjure all allegiance and fidelity to any foreign prince, potentate, state, or sovereignty, of whom or which I have heretofore been a subject or citizen;

that I will support and defend the Constitution and laws of the United States of America against all enemies, foreign and domestic;

that I will bear true faith and allegiance to the same;

that I will bear arms on behalf of the United States when required by the law;

that I will perform noncombatant service in the Armed Forces of the United States when required by the law;

that I will perform work of national importance under civilian direction when required by the law; and

that I take this obligation freely, without any mental reservation or purpose of evasion; so help me God.

Printed Name of Applicant

Complete Signature of Applicant

12/13 4 8/13
12/14 4 8/13

LaVergne, TN USA
28 December 2009

168296LV00005B/181/P